Todos los libros de Linkgua Ediciones cuentan con modelos de Inteligencia Artificial entrenados por hispanistas. Pregúntale al chat de tu libro lo que desees acerca de la obra o su autor/a.

Para ebooks: Accede a nuestro modelo de IA a través de este enlace.

Para libros impresos: Escanea el código QR de la portada con tu dispositivo móvil.

Obtén análisis detallados de nuestros libros, resúmenes, respuestas a tus preguntas y accede a nuestras ediciones críticas generativas para una experiencia de lectura más enriquecedora.
La transparencia y el respeto hacia la autoría de las fuentes utilizadas son distintivos básicos de nuestro proyecto. Por ello, las respuestas ofrecen, mediante un sistema de citas, las fuentes con las que han sido elaboradas.

Autores varios

Constitución de Ecuador de 1861

Barcelona 2024

Linkgua-ediciones.com

Créditos

Título original: Constitución de Ecuador de 1861.

© 2024, Red ediciones S.L.

e-mail: info@Linkgua-ediciones.com

Diseño de cubierta: Michel Mallard.

ISBN tapa dura: 978-84-1076-108-7.
ISBN rústica ilustrada: 978-84-9953-785-6.
ISBN ebook: 978-84-9953-955-3.

Sumario

Constitución de 1861

(10 de abril de 1861)

La Convención Nacional del Ecuador ha venido en decretar y decreta la siguiente Constitución de la República.

Título I. De la República del Ecuador y de los ecuatorianos

Sección I. De la República

Artículo 1. La República del Ecuador se compone de todos los ecuatorianos reunidos bajo un mismo pacto de asociación política. Su territorio comprende el de las provincias que formaban la antigua Presidencia de Quito y el archipiélago de Galápagos. Los límites se fijarán definitivamente por tratados que se estipulen con los Estados limítrofes.

Artículo 2. La soberanía reside esencialmente en el pueblo, y éste delega su ejercicio a las autoridades que establece la Constitución. La República es una, indivisible, libre e independiente de todo poder extranjero, y no puede ser patrimonio de ninguna familia ni persona.

Sección II. De los ecuatorianos, de sus deberes y derechos políticos

Artículo 3. Los ecuatorianos lo son por nacimiento o por naturalización.

Artículo 4. Son ecuatorianos por nacimiento:

1. Los nacidos en el territorio del Ecuador;

2. Los nacidos en otro país de padre o madre ecuatorianos por nacimiento, siempre que vengan a residir en la República.

Artículo 5. Son ecuatorianos por naturalización:

1. Los naturales de otros Estados que se hallen actualmente en el goce de este derecho;

2. Los extranjeros que profesen alguna ciencia, arte o industria útil, o que sean dueños de alguna propiedad raíz o capital en giro y, después de un año de residencia, declararen ante la autoridad que designe la ley su intención de avecindarse en el Ecuador;

3. Los que obtengan del Congreso carta de naturaleza por servicios que hayan prestado o puedan prestar al país; o del Poder Ejecutivo en los casos prevenidos por la ley.

Artículo 6. Los deberes de los ecuatorianos son:

1. Respetar la Religión del Estado;

2. Sostener la Constitución;

3. Obedecer las leyes y respetará las autoridades, servir y defender la patria;

4. Contribuir para los gastos de la Nación; y

5. Velar sobre la conservación de las libertades públicas.

Artículo 7. Los derechos de los ecuatorianos son: igualdad ante la ley, opción a elegir y ser elegidos para desempeñar los destinos públicos, siempre que tengan las aptitudes legales.

Título II. De los ciudadanos

Artículo 8. Para ser ciudadano se requiere ser casado o mayor de veintiún años y saber leer y escribir.

Artículo 9. Los derechos de la ciudadanía se pierden:

1. Por entrar al servicio de una nación enemiga;

2. Por naturalizarse en país extranjero;

3. Por quiebra fraudulenta;

4. Por vender su voto o comprar el de otro;

5. Por haber sido condenado a pena corporal o infamante.

Artículo 10. Los ecuatorianos que por alguna de las causas mencionadas en el Artículo anterior, hubiesen perdido los derechos de ciudadanía, podrán obtener rehabilitación del Senado, excepto los condenados a pena corporal o infamante, que no podrán obtenerla sin haber cumplido la condena.

Artículo 11. Los derechos de ciudadanía se suspenden:

1. Por interdicción judicial;

2. Por ser ebrio de costumbre, tahúr de profesión, vago declarado, deudor fallido o por tener casa de juego que prohíbe la ley;

3. Por ineptitud mental que impida obrar libre y reflexivamente;

4. Por hallarse procesado como reo que merezca pena corporal o infamante, desde que se decrete la prisión hasta que sea absuelto o condenado a otra pena;

5. Por no haber presentado a su debido tiempo la cuenta de los caudales públicos que hubiesen manejado, o por no haber satisfecho el alcance que contra él hubiese resultado;

6. Por el auto motivado contra un funcionario público o por la sentencia definitiva en que se le condene a suspensión.

Título III. De la religión de la República

Artículo 12. La Religión de la República es la Católica, Apostólica, Romana, con exclusión de cualquier otra. Los poderes políticos están obligados a protegerla y hacerla respetar.

Título IV. Del Gobierno ecuatoriano

Artículo 13. El Gobierno del Ecuador es popular, representativo, electivo, alternativo y responsable.

Artículo 14. El Poder Supremo se divide en Legislativo, Ejecutivo y Judicial. Cada uno ejercerá las atribuciones que le señala esta Constitución sin excederse de los límites que ella prescribe.

Título V. De las elecciones

Artículo 15. Habrá elecciones populares por sufragio directo y secreto en los términos que señale la ley.

Artículo 16. Para ser sufragante se requiere ser ciudadano en ejercicio y vecino de la parroquia en que sufrague.

Título VI. Del Poder Legislativo

Sección I. Del Congreso

Artículo 17. El Poder Legislativo reside en el Congreso Nacional, compuesto de dos Cámaras, una de Senadores y otra de Diputados.

Artículo 18. El Congreso se reunirá cada dos años el diez de Agosto, aunque no haya sido convocado, y sus sesiones ordinarias durarán sesenta días prorrogables por quince más. Se reunirá también extraordinariamente cuando lo convoque el Ejecutivo y por el tiempo que le prefije; sin que pueda ocuparse en otros objetos que aquellos para los cuales haya sido convocado.

Sección II. De la Cámara del Senado

Artículo 19. La Cámara, del Senado se compone, de dos Senadores por cada provincia.

Artículo 20. Para ser Senador se requiere:

1. Ser ecuatoriano en ejercicio de la ciudadanía;

2. Tener treinta y cinco años de edad;

3. Gozar una renta anual de quinientos pesos que proceda de una propiedad o industria; o ejercer alguna profesión científica.

Único. Los que sean ecuatorianos por naturalización necesitan, además, cuatro años de residencia en la República.

Artículo 21. Son atribuciones exclusivas del Senado:

1. Conocer de las acusaciones que le dirija la Cámara de Representantes;

2. Admitir o no las renuncias que eleven los Ministros de la Corte Suprema;

3. Rehabilitar a los destituidos del ejercicio de la ciudadanía, excepto el caso de traición en favor de una nación enemiga o de una facción extranjera;

4. Rehabilitar la memoria de los que hayan muerto después de ser condenados a pena capital o infamante, probada la inocencia.

Artículo 22. Cuando el Senado conozca de alguna acusación y ésta se contraiga a las funciones oficiales, no podrá imponer otra pena que la de suspender o privar de su empleo al acusado; y, a lo más, declararle temporal o perpetuamente incapaz de servir destinos públicos; pero quedará sujeto a acusación, juicio y sentencia en el Tribunal competente, si el hecho le constituyere responsable de un delito que mereciese otra pena o indemnización.

Artículo 23. Si la acusación no versare sobre la conducta oficial, el Senado se limitará a declarar si ha o no lugar a formación de causa contra el acusado; y en caso afirmativo, a entregarlo al Tribunal competente.

Sección III. De la Cámara de Diputados

Artículo 24. La Cámara de Diputados se compone de los que nombren las provincias de la República. Cada provincia elegirá un Diputado por cada treinta mil almas, de su población; pero si quedase un exceso de quince mil almas, tendrá un Diputado más. Y toda provincia, cualquiera que sea su población, nombrará por lo menos un Diputado.

Artículo 25. Para ser Diputado se requiere:

1. Ser ciudadano en ejercicio;

2. Tener veinticinco años de edad;

3. Gozar de una renta anual de trescientos pesos procedente de propiedad o industria útil, o ejercer alguna profesión científica.

Artículo 26. Son atribuciones especiales de la Cámara de Diputados:

1. Acusar ante el Senado al Presidente de la República o al Encargado del Poder Ejecutivo, a los Ministros Secretarios del Despacho, a los Magistrados de la Corte Suprema y a los Consejeros de Gobierno;

2. Requerir a las autoridades correspondientes para que exijan la responsabilidad de los empleados públicos que hubiesen abusado de sus atribuciones o faltado al cumplimiento de sus deberes, sin perjuicio de la jurisdicción que las leyes atribuyen a los Tribunales y Juzgados sobre las enunciadas autoridades;

3. Tener la iniciativa en las leyes de impuestos y contribuciones.

Sección IV. Disposiciones comunes a las dos Cámaras

Artículo 27. Ninguna de las Cámaras podrá comenzar sus sesiones sin las dos terceras partes de la totalidad de sus miembros, ni continuarlas sin la pluralidad absoluta, excepto el caso prevenido en el Artículo siguiente.

Artículo 28. Ningún Senador o Diputado podrá separarse de la Cámara a que pertenezca sin permiso de ella, y si lo hiciere perderá por cuatro años los derechos de ciudadanía; pudiendo la Cámara continuar sus sesiones con los miembros concurrentes.

Artículo 29. Las Cámaras se reunirán:

1. Para declarar o perfeccionar, en los casos y en la forma que prescriba la ley, la elección de Presidente y Vicepresidente de la República;

2. Para recibir la promesa de los altos funcionarios;

3. Para admitir o negar su renuncia;

4. Para elegir los Ministros de las Cortes de Justicia y Consejeros de Gobierno,

5. Para aprobar o no las propuestas que hiciere el Ejecutivo de Generales y Coroneles; y

6. Para el caso en que lo pida alguna de las Cámaras;

7. Mas nunca para ejercer las atribuciones que les compete separadamente, conforme al Artículo 39.

Artículo 30. Las Cámaras se instalarán por sí, abrirán y cerrarán sus sesiones en el mismo día, residirán en la misma población, y ninguna podrá trasladarse a otro lugar, ni suspender sus sesiones por más de tres días, sin conocimiento de la otra. En caso de discrepancia se reunirán y decidirá la mayoría.

Artículo 31. Los Diputados y Senadores no serán jamás responsables de las opiniones que manifiesten en el Congreso y gozarán de inmunidad mientras duren las sesiones; y treinta días antes, y treinta días después, no podrán ser acusados, perseguidos o arrestados, sino cometiendo delito *infraganti*, si la Cámara a que pertenecen no autoriza previamente la acusación, declarando haber lugar a formación de causa con el voto de la mayoría absoluta de los Diputados presentes. En caso de que algún Senador o Diputado sea arrestado por delito *infraganti*, se le pondrá inmediatamente a disposición de la Cámara respectiva, junto con la sumaria que se le haya seguido, para que declare si ha o no lugar a formación de causa; mas si el delito ha sido cometido en los treinta días posteriores a las sesiones del Congreso, podrá el juez competente proceder libremente al arresto y juzgamiento del Senador o Diputado que hubiese delinquido.

Artículo 32. Los Senadores y Diputados podrán ser elegidos indistintamente por cualquier provincia de la República, siempre que tengan las calidades que exige esta Constitución.

Artículo 33. Los Senadores y Diputados tienen el carácter de tales por la Nación, no por la provincia que los nombra; y serán elegidos por sufragio directo y secreto en la forma que determine la ley.

Artículo 34. Los miembros del Poder Legislativo no pueden recibir del Ejecutivo empleo alguno, ni interino, ni en comisión, durante el período para que fueron elegidos y un año después. Los empleados de libre nombramiento y remoción del Ejecutivo no podrán ser miembros del Poder Legislativo.

Artículo 35. Cada dos años se renovarán por mitad las Cámaras Legislativas, y éstas sortearán, por primera vez, según su reglamento interior, los Senadores y Diputados que deban cesar en sus funciones. Cuando el número de éstos sea impar, la renovación se hará en los términos que determine la ley.

Artículo 36. Están excluidos de ser Senadores y Diputados el Presidente y Vicepresidente de la República, los Secretarios y Consejeros de Gobierno, los Magistrados de las Cortes de Justicia y todo aquel que tenga mando, jurisdicción o autoridad eclesiástica, política, civil o militar en la provincia que le elija.

Artículo 37. Si en el día señalado para abrir las sesiones no hubiere el número designado, los miembros concurrentes de la respectiva Cámara apremiarán a los ausentes, como lo disponga la ley, para que concurran lo más pronto posible.

Artículo 38. Las sesiones serán públicas, excepto el caso de que alguna de las Cámaras tenga motivo de tratar algún negocio en sesión secreta.

Sección V. De las atribuciones del Congreso funcionando separadamente en Cámaras Legislativas

Artículo 39. Son atribuciones del Congreso:
1. Decretar los gastos públicos con vista de los presupuestos que presente el Poder Ejecutivo, conformándose o no con ellos, y velar en la recta y legal inversión de las rentas;

2. Establecer impuestos y contraer deudas sobre el crédito público;

3. Decretar la enajenación o aplicación a usos públicos, de los bienes nacionales y arreglar su administración;

4. Autorizar empréstitos u otros contratos, para llenar el déficit del Tesoro Nacional, y permitir que se hipotequen los bienes y rentas de la República para la seguridad del pago

de los enunciados empréstitos o contratos, fijando la basa conveniente;

5. Examinar en cada reunión ordinaria la cuenta correspondiente al bienio anterior que el Poder Ejecutivo debe presentarle, tanto del rendimiento de las rentas y producto de los bienes nacionales, como, de los gastos del Tesoro;

6. Crear o suprimir empleos que por esta Constitución no estén atribuidos a otra autoridad o corporación; determinar o modificar sus atribuciones, aumentar o disminuir sus dotaciones y fijar el tiempo que deban durar;

7. Conceder premios personales a los que hayan hecho grandes servicios a la patria y decretar honores públicos a su memoria;

8. Determinar y uniformar la ley, peso, valor, forma, tipo y denominación de la moneda, y arreglar el sistema de pesos y medidas;

9. Fijar el máximo de la fuerza armada de mar y tierra que en tiempo de paz deba mantenerse en servicio activo;

10. Decretar la guerra, con vista de los informes del Poder Ejecutivo, requerir a éste para que negocie la paz, y prestar o negar su aprobación a los tratados públicos y convenios celebrados por el Poder Ejecutivo, sin cuyo requisito no podrán ser ratificados ni canjeados;

11. Formar leyes generales de enseñanza para los establecimientos de educación o instrucción pública;

12. Promover y fomentar la educación pública y el progreso de las ciencias y las artes, concediendo con este objeto y por tiempo limitado, privilegios exclusivos o las ventajas o indemnizaciones convenientes; promover las empresas, fomentar los descubrimientos y favorecer las mejoras útiles que deban introducirse en la República;

13. Conceder amnistías o indultos generales, cuando lo exija algún grave motivo de conveniencia pública;

14. Elegir el lugar en que deban residir los supremos Poderes políticos;

15. Permitir o negar el tránsito de tropas extranjeras por el territorio de la República, o la estación de buques de guerra extranjeros en los puertos, cuando excediere de dos meses;

16. Crear nuevas provincias o cantones, fijar sus límites, habilitar o cerrar puertos y establecer aduanas;

17. Declarar si deba o no procederse a nueva elección en caso de imposibilidad perpetua del Presidente o Vicepresidente de la República;

18. Formar los Códigos Nacionales y dar las leyes y decretos necesarios para el arreglo de los diferentes ramos de la administración pública; interpretar, reformar y derogar cualesquiera leyes o actos legislativos.

Artículo 40. El Congreso no puede suspender, a pretexto de indultos, el curso de los procedimientos judiciales, ni revocar las sentencias y decretos que dictare el Poder Judicial.

Tampoco puede decretar pago o indemnización, sin que previamente se haya justificado, conforme a la ley, la acreencia o el daño recibido. No puede, en fin, delegar a uno o más de sus miembros, ni a otra persona, corporación o autoridad, ninguna de las atribuciones expresadas en el Artículo anterior, o función alguna de las que por esta Constitución le competen.

Sección VI. De la formación de las Leyes y demás actos legislativos

Artículo 41. Las leyes pueden tener origen en una de las Cámaras, a propuesta de cualquiera de sus miembros, o del Poder Ejecutivo o de la Corte Suprema de Justicia.

Artículo 42. El proyecto de ley, o cualquier otro acto legislativo que no fuere admitido, se diferirá hasta la Legislatura siguiente, y si fuere admitido se discutirá en tres sesiones distintas y en diferentes días.

Artículo 43. Aprobado un proyecto de ley, decreto o resolución en la Cámara de su origen, pasará inmediatamente a la otra Cámara, con expresión de los días en que se haya sometido a discusión, y esta Cámara podrá dar o no su aprobación, o poner los reparos, adiciones o modificaciones que juzgare convenientes.

Artículo 44. Si la Cámara en que ha tenido origen el proyecto no considera fundados los reparos, adiciones o modificaciones propuestas, podrá insistir hasta segunda vez con nuevas razones; y si a pesar de esta insistencia no aprobare el proyecto la Cámara revisora, no podrá ya tomarse en consideración hasta la próxima Legislatura, siempre que los reparos, adiciones o modificaciones versen sobre el proyecto en su totalidad; pero si solo se contrajeren a alguno o algunos de sus Artículos, quedarán, éstos suprimidos, y el proyecto seguirá su curso.

Artículo 45. El proyecto de ley, decreto o resolución que fuere aprobado por ambas Cámaras, no tendrá fuerza de ley sin la sanción constitucional. Si el Ejecutivo le prestare su aprobación, le mandará ejecutar y publicar; mas si hallare inconvenientes para su sanción, lo devolverá con sus observaciones, dentro de nueve días, a la Cámara en que tuvo origen. Los proyectos que ambas Cámaras hayan pasado como urgentes, serán sancionados u objetados por el Poder Ejecutivo, dentro de tres días, sin mezclarse en la urgencia.

Artículo 46. Examinadas las observaciones del Poder Ejecutivo por la Cámara en que haya tenido origen el proyecto, si las hallare fundadas y se versaren sobre el proyecto en su totalidad, se archivará y no podrá renovarse hasta la siguiente Legislatura; pero si solo se limitaren a ciertas correcciones o modificaciones, se podrá tomar en consideración y deliberarse lo conveniente.

Artículo 47. Si las observaciones sobre el proyecto en su totalidad no las hallare fundadas la Cámara de su origen, a juicio de las dos terceras partes de los Diputados presentes, pasará el proyecto con esta razón a la otra Cámara, y si ésta las hallare justas, lo manifestará a la de su origen, devolviéndole el proyecto para que se archive; pero si tampoco las hallare fundadas, a juicio de las dos terceras partes, se mandará el proyecto al Poder Ejecutivo para su sanción, que no podrá negar en este caso.

Artículo 48. Si el Poder Ejecutivo no devolviere el proyecto sancionado o con sus observaciones, dentro del término de nueve días, o en el de tres, si fuere urgente, o si se resistiere a sancionarlo después de observados todos los requisitos constitucionales, el proyecto tendrá fuerza de ley, y como tal se mandará promulgar; a menos que, corriendo aquel término, el Congreso haya suspendido sus sesiones o puéstose en receso, en cuyo caso deberá presentarlo en los primeros tres días de la próxima reunión.

Artículo 49. Los proyectos que hayan quedado pendientes o sido rechazados, se publicarán por la prensa para conocimiento del público, debiendo manifestarse la causa que haya impedido su sanción.

Artículo 50. Los proyectos de ley u otro acto legislativo que se pasen al Ejecutivo para su sanción, irán por duplicado y firmados ambos ejemplares por los Presidentes y Secretarios de las Cámaras, y al remitirlos se expresarán los días en que hayan sido puestos en discusión.

Artículo 51. La ley posterior deroga la anterior, en todo lo que le fuere contraria.

Artículo 52. Si el Ejecutivo observare que, respecto de algún proyecto, se ha faltado a lo dispuesto en los Artículos 42, 43 y 44, devolverá ambos ejemplares dentro de dos días, a la Cámara en que se hubiese cometido la falta para, que, subsanada por ella, siga el proyecto su curso constitucional.

En los que no encontrare aquélla falta deberá sancionarlos u objetarlos, devolviendo a la Cámara de su origen uno de los ejemplares de cada proyecto, con el correspondiente decreto.

Artículo 53. Si dentro de los términos prefijados en el Artículo anterior, la Cámara a la cual deba devolverse el proyecto hubiese suspendido sus sesiones, no se contarán en dichos términos los días que haya durado la suspensión.

Artículo 54. No es necesaria la intervención del Poder Ejecutivo en las resoluciones del Congreso sobre trasladarse a otro lugar, conceder o retirar las facultades extra ordinarias, celebrar elecciones, admitir renuncias y excusas, proveer a su policía interior y cualquier otro acto en que no sea necesaria la concurrencia de ambas Cámaras.

Artículo 55. En las leyes, decretos y resoluciones que diere el Congreso, usará de esta fórmula: «El Senado y Cámara de Diputados de la República del Ecuador, reunidos en Congreso, decretan». El Poder Ejecutivo usará de la siguiente: «Ejecútese, u objétese».

Artículo 56. En la interpretación, modificación o derogación de las leyes existentes, se observarán los mismos requisitos que para su formación.

Título VII. Del Poder Ejecutivo

Sección I. Del Jefe del Estado

Artículo 57. El Poder Ejecutivo se ejerce por un magistrado con la denominación de Presidente de la República. En caso de faltar éste, le subrogará el Vicepresidente, y, en su defecto, el último Presidente de la Cámara del Senado, y si faltare éste, el de la de Diputados.

Artículo 58. El Presidente y Vicepresidente de la República serán elegidos por voto secreto y directo de los ciudadanos en ejercicio, debiendo el Congreso hacer el escrutinio, declarar la elección a favor del que haya obtenido mayoría absoluta de votos, o, en su defecto, la relativa. En caso de igualdad se decidirá por la suerte.

Artículo 59. Para ser Presidente o Vicepresidente de la República, se requiere ser ecuatoriano de nacimiento y tener las demás cualidades que para ser Senador.

Artículo 60. La Presidencia de la República vaca por muerte, destitución, admisión de renuncia, imposibilidad perpetua, física o mental y por llegar al término del período que fija la Constitución.

Artículo 61. Cuando por muerte, renuncia u otra causa vacare el destino de Presidente, el Vicepresidente o el que se encargue del Poder Ejecutivo, dispondrá, dentro de ocho días, que se proceda a nueva elección, la cual deberá estar concluida dentro de dos meses lo más tarde. El nombrado, en estos casos, cesará el día que debía terminar su antecesor.

Artículo 62. El Presidente y Vicepresidente de la República durarán en sus funciones cuatro años, contados desde el día de su proclamación, y concluido el período constitucional queda vacante la magistratura, que será ocupada por el que deba sucederle o subrogarle. El Presidente y Vicepresidente no podrán ser elegidos sino después de un período.

Artículo 63. El Presidente de la República no podrá salir del territorio durante el tiempo de sus funciones, ni un año después, sin permiso del Congreso.

Artículo 64. El Presidente y Vicepresidente de la República, al tomar posesión de sus destinos, harán la promesa siguiente; «Yo N. N. ofrezco, bajo mi palabra de honor, que cumpliré los deberes que me impone el cargo de Presidente de la República con arreglo a la Constitución y las leyes».

Artículo 65. Si el Congreso no estuviere reunido, el Presidente o Vicepresidente electos harán la promesa constitucional ante el Consejo de Gobierno.

Sección II. De las atribuciones y deberes del Poder Ejecutivo

Artículo 66. Son atribuciones y deberes del Poder Ejecutivo:

1. Conservar el orden interior y la seguridad de la República;

2. Convocar el Congreso en el período ordinario y, extraordinariamente, cuando lo exija la salud de la Patria, removiendo todo inconveniente que pueda impedir el cumplimiento de tan importante deber;

3. Sancionar las leyes y decretos del Congreso y dar, para su ejecución, reglamentos que no interpreten ni alteren la letra de la ley;

4. Disponer de la fuerza armada para la defensa y seguridad de la República, para mantener y restablecer el orden y la tranquilidad y para los demás objetos que el servicio público exigiere;

5. Cumplir y ejecutar, y hacer que se cumplan y ejecuten, por sus agentes y los empleados que estén bajo sus órdenes, la Constitución y las leyes en la parte que les corresponde;

6. Cuidar de que los demás empleados públicos, que no le estén directamente subordinados, las cumplan y ejecuten y las hagan cumplir y ejecutar en la parte que les corresponda, requiriendo a las autoridades competentes para que les exijan la responsabilidad;

7. Suspender a los empleados del ramo ejecutivo, así políticos como de hacienda, con dictamen del Consejo de Gobierno, y consignarlos, sin demora, a la autoridad competente para que los juzgue, debiendo acompañarle los motivos y documentos de la suspensión;

8. Nombrar libremente a todos los empleados políticos del ramo ejecutivo, excepto los designados en el Artículo 95;

9. Remover, con dictamen del Consejo de Gobierno, a los Agentes diplomáticos; y libremente a los empleados del ramo ejecutivo y de hacienda, con exclusión de los Jefes de los Tribunales de Cuentas;

10. Dirigir las negociaciones diplomáticas, celebrar tratados públicos y ratificarlos con aprobación del Congreso;

11. Nombrar, previo consentimiento del Congreso, los Generales y Coroneles;

12. Nombrar los demás Jefes y Oficiales de menor graduación, y proveer los demás empleos, cuya provisión no reserva la ley a otra autoridad;
13. Conceder letras de cuartel y de retiro, como lo dispone la ley, a los Generales, Jefes y Oficiales, tanto del ejército como de la marina; y admitir o no las dimisiones que hagan de sus empleos;

14. Conceder cartas de naturaleza con arreglo a la ley;

15. Expedir patentes de navegación;

16. Declarar la guerra, previo decreto del Congreso, y hacer la paz con aprobación del Senado;

17. Conmutar, con dictamen del Consejo de Gobierno, la pena capital en otra grave, en los casos y con las formalidades que la ley prescriba;

18. Proveer interinamente, en receso del Congreso y con dictamen del Consejo de Gobierno, las vacantes de los empleados que sean de provisión del Congreso, al que dará cuenta en su próxima reunión;

19. Cumplir y hacer cumplir las sentencias de los Tribunales y Juzgados;

20. Cuidar de que la administración e inversión de las rentas nacionales sean conforme a las leyes;

21. Disponer, si fuere necesario, el cobro anticipado de las contribuciones en cada año, con el descuento legal y dictamen del Consejo de Gobierno.

Artículo 67. No puede el Presidente o el Encargado del Ejecutivo privar a ningún ecuatoriano de su libertad, imponerle pena ni expulsarle del territorio de la República; no puede confinarle, detener el curso de los procedimientos judiciales ni coartar la libertad de los jueces; no puede impedir las elecciones, disolver las Cámaras Legislativas ni suspender sus sesiones; no puede ejercer el Poder Ejecutivo cuando se ausente ocho leguas de la capital, ni admitir extranjeros al servicio de las armas, en clase de Jefes u Oficiales, sin permiso del Congreso; no puede, en fin, atentar contra la libertad de imprenta. Por cualquiera de estas infracciones será responsable ante el Congreso.

Artículo 68. También será responsable por traición o conspiración contra la República: por infringir la Constitución, atentar contra los otros poderes e impedir la reunión o deliberación del Congreso; por negar la sanción de las leyes y decretos acordados constitucionalmente, por ejercer facultades extraordinarias sin previo permiso del Congreso o del Consejo de Gobierno, y por haber provocado una guerra injusta.

Artículo 69. El Presidente de la República, o el Encargado del Poder Ejecutivo, al abrir sus sesiones el Congreso, le dará cuenta, por escrito, en cada una de sus Cámaras, del estado político y militar de la Nación, de sus rentas y recursos; indicándole las mejoras y reformas que puedan hacerse en cada ramo.

Artículo 70. Cuando la seguridad pública exija el arresto de alguna persona, podrá decretarlo, interrogar a los indiciados, poniéndolos, dentro de cincuenta y ocho horas, a disposición del juez competente, junto con los documentos que motivaron el arresto y las diligencias practicadas.

Artículo 71. En los casos de invasión exterior o de conmoción interior, el Poder Ejecutivo ocurrirá al Congreso, si estuviese reunido, y si no al Consejo de Gobierno, para que, después de considerar la urgencia, según el informe correspondiente, le niegue o conceda, con las restricciones y ampliaciones que estime convenientes, en todo o en parte, las siguientes facultades:

1. Para aumentar el ejército y la marina, llamar al servicio las guardias nacionales y establecer autoridades militares donde lo juzgue conveniente;

2. Para negociar empréstitos voluntarios o exigirlos forzosos, con tal que sean generales, proporcionados y con el in-

terés mercantil corriente. Solo podrán imponerse estos empréstitos cuando no puedan cubrirse los gastos con las rentas ordinarias debiendo designarse los fondos para el pago, y el término dentro del cual deba verificarse;

3. Para variar la Capital, cuando ésta se halle amenazada, o lo exija una grave necesidad, hasta que cese ésta;

4. Para confinar o expatriar, en caso de invasión exterior, previo dictamen del Consejo de Gobierno, a los indiciados de favorecerla de cualquier modo; y para confinar y expatriar, previo el dictamen del mismo Consejo, a los indiciados de tener parte en una conjuración o conmoción interior. En uno u otro caso, el confinio se hará en la capital de una provincia, con tal que ésta no sea la de Oriente o la de Esmeraldas, ni el Archipiélago de Galápagos. Este confinamiento o destierro durará lo que las facultades extraordinarias concedidas al Poder Ejecutivo; concluidas las cuales, el confinado o expatriado podrá volver a su domicilio, sin necesidad de salvoconducto. Si el indiciado solicitare pasaporte para el exterior de la República, se le concederá sin obstáculo de ninguna clase;

5. Para admitir al servicio de la República tropas extranjeras, voluntarias o auxiliares, con arreglo a los tratados preexistentes;

6. Para cerrar puertos y habilitar los que sean convenientes;

7. Para disponer de los caudales públicos, aunque estén destinados a otros objetos, excepto los pertenecientes a la instrucción pública, hospicios, hospitales y lazaretos;

8. Para separar temporalmente a los empleados políticos y nombrar en comisión a los Senadores o Diputados que sean necesarios en el ejercicio de cualquier empleo, por el tiempo absolutamente indispensable, con tal que las Cámaras no queden sin el número suficiente.

Artículo 72. Las facultades que se conceden al Poder Ejecutivo, según los Artículos anteriores, se limitarán al tiempo y objetos indispensables para restablecer la tranquilidad y seguridad de la República; y del uso que hiciere de ellas dará cuenta al Congreso en su próxima reunión.

Pasado el peligro, a juicio del Consejo de Gobierno, declarará éste bajo su responsabilidad que han cesado las facultades extraordinarias.

Cuando el Poder Ejecutivo delegue a uno de sus agentes las facultades extraordinarias, no podrá éste separar a ningún ecuatoriano del lugar de su domicilio sin orden expresa del mismo Poder Ejecutivo; y todos los que ejerzan aquellas facultades serán responsables del abuso de ellas.

Artículo 73. La ley asignará el sueldo que deben gozar el Presidente y Vicepresidente de la República; y cualquier alteración que se haga en él, solo tendrá efecto en los que después fueren nombrados.

Sección III. De los Ministros Secretarios del Despacho

Artículo 74. Habrá hasta tres Ministros Secretarios, nombrados libremente por el Ejecutivo, para el Despacho del Interior, Relaciones Exteriores, Hacienda, Guerra y Marina.

Artículo 75. Ningún decreto, orden o resolución del Poder Ejecutivo, de cualquier especie que sea, que no esté suscrito o sea comunicado por alguno de los Secretarios del Despacho, será válido ni obedecido por sus agentes ni por autoridad o persona alguna, excepto el nombramiento o remoción de los mismos Secretarios, que podrá hacer por sí solo el Poder Ejecutivo.

Artículo 76. Los Secretarios del Despacho son responsables en los casos de los Artículos 68 y 69, y además por infracción de ley, soborno o concusión y malversación de los fondos públicos; por autorizar proyectos de ley, decretos o resoluciones del Poder Ejecutivo, sin exigir el dictamen del Consejo de Gobierno, en los casos que previenen la Constitución y las leyes; y por retardar la ejecución de éstas o no haber dispuesto y cuidado de su cumplimiento. No salva a los Ministros de esta responsabilidad la orden verbal o por escrito del Poder Ejecutivo.

Artículo 77. Los Secretarios de Estado darán a las Cámaras Legislativas, con conocimiento del Poder Ejecutivo, todos los informes y noticias que les pidan sobre los negocios que se versen en sus respectivas Secretarías, exceptuando aquellos que merezcan reserva a juicio del Ejecutivo.

Artículo 78. Los Secretarios presentarán a las Cámaras Legislativas en los seis primeros días de sus sesiones ordinarias un informe escrito del estado que tengan los negocios correspondientes a la Secretaría de su cargo, proponiendo lo que estimen conveniente para mejorarlos. Tomarán parte en las discusiones de los proyectos de ley o decretos que presente el Ejecutivo, y asistirán cuando sean llamados por alguna de las Cámaras.

Artículo 79. El Secretario de Hacienda presentará, además, en los primeros veinte días de las sesiones, el presupuesto de los gastos que deban hacerse en el bienio siguiente junto con el estado de las rentas nacionales.

Sección IV. Del Consejo de Gobierno

Artículo 80. Habrá en la Capital de la República un Consejo de Gobierno compuesto del Vicepresidente de la República, que lo presidirá, de los Ministros Secretarios del Despacho, de un vocal de la Corte Suprema, de un eclesiástico y de un propietario; estos tres últimos serán nombrados por el Congreso.

Artículo 81. El Presidente o el Encargado del Poder Ejecutivo oirá el dictamen del Consejo de Gobierno en los casos siguientes:

1. Para dar o rehusar su sanción a los proyectos de ley y demás actos legislativos que le pase el Congreso;

2. Para convocar éste extraordinariamente;

3. Para solicitar del mismo Congreso el decreto que le autorice a declarar la guerra;

4. Para nombrar Agentes diplomáticos y Gobernadores de las provincias;

5. Para conmutar la pena de muerte; y

6. Para los demás casos escritos por la Constitución y las leyes, o en los que el Ejecutivo tenga a bien exigir su dictamen.

Artículo 82. La duración de los Consejeros de Gobierno, nombrados por el Congreso, será de cuatro años, pudiendo ser reelegidos.

Artículo 83. Corresponde al Consejo de Gobierno:

1. Conceder o negar bajo su responsabilidad al Poder Ejecutivo las facultades extraordinarias, y retirarlas cuando haya cesado el peligro;

2. Preparar los proyectos de ley que en su concepto deba el Poder Ejecutivo presentar al Congreso;

3. Admitir y preparar para el Congreso los recursos de queja que se interponga contra la Corte Suprema o sus Ministros;

4. Ejercer las demás atribuciones que prescriben la Constitución y las leyes.

Artículo 84. Los Consejeros de Gobierno son responsables de sus dictámenes, con los que se podrá o no conformar el Poder Ejecutivo.

Título VIII. Del Poder Judicial

Artículo 85. La justicia será administrada por una Corte Suprema y por los demás tribunales y juzgados que la ley establezca.

Artículo 86. Para ser Ministro de la Corte Suprema se requiere:

1. Ser ecuatoriano en ejercicio de los derechos de la ciudadanía;

2. Tener treinta y cinco años cumplidos de edad;

3. Haber sido Ministro en algún Tribunal de Justicia en la República, o ejercido por ocho años la profesión de abogado con buena reputación.

Artículo 87. Para ser Ministro de los Tribunales Superiores, se requiere:

1. Ser ecuatoriano en ejercicio de la ciudadanía;

2. Haber ejercido en la República por cinco años la profesión de abogado con buen crédito; y

3. Tener treinta años cumplidos de edad.

Artículo 88. Los Ministros de la Corte Suprema de Justicia y de los Tribunales Superiores serán nombrados por el Congreso a pluralidad absoluta de votos.

Artículo 89. Una ley especial designará el número de vocales que deba componer la Corte Suprema y los Tribunales de Apelación, la provincia o provincias en que deban ejercer su Jurisdicción, las atribuciones de los enunciados Tribunales y Juzgados de primera instancia, el modo y forma, que han de observarse en el nombramiento y la duración de los que sirven en estos Juzgados.

Artículo 90. A las discusiones de los proyectos de ley, presentados por la Corte, Suprema, podrá asistir uno de sus Ministros.

Artículo 91. En ningún juicio habrá más de tres instancias. Los Tribunales y Juzgados, que no sean de hecho, fundarán siempre sus sentencias.

Artículo 92. Los Magistrados y los Jueces son responsables de su conducta en el ejercicio de sus funciones, de la manera que determine la ley; pero no pueden ser suspensos de sus destinos sin que preceda el auto motivado, por el que se declare haber lugar a formación de causa, ni destituidos sino en virtud de sentencia judicial.

Artículo 93. Los Magistrados de la Corte Suprema y los de los Tribunales de Apelación durarán en sus destinos cuatro años, pudiendo ser reelegidos; mas les está prohibido admitir empleo alguno de libre nombramiento del Poder Ejecutivo.

Título IX. Del régimen administrativo interior

Artículo 94. El territorio de la República se divide en provincias, cantones y parroquias, y se reserva a cada provincia y a las secciones territoriales el régimen municipal en toda su amplitud, quedando al Gobierno General las facultades y funciones que se le atribuyen por esta Constitución.

Artículo 95. En cada provincia habrá un Gobernador que será agente inmediato del Poder Ejecutivo, en cada cantón un jefe político y en cada parroquia un Teniente: la ley determinará sus atribuciones. Todos los agentes mencionados serán elegidos por sufragio directo y secreto; debiendo, en cuanto al primero, formarse por las Juntas provinciales una terna de los que hayan obtenido mayor número de votos, la que se llevará al Ejecutivo para que elija sin salir de ella.

Artículo 96. Habrá Municipalidades provinciales, cantonales y parroquiales. La ley determinará sus atribuciones en todo lo concerniente a la policía, educación e instrucción de los habitantes de su localidad, sus mejoras materiales, recaudación, manejo e inversión de las rentas municipales, fomento de los establecimientos públicos y demás objetos y funciones a que deban contraerse.

Único.
Las parroquias en que no se puedan establecer municipalidades quedarán sujetas a los acuerdos de la del cantón.

Artículo 97. Los Gobernadores, Jefes Políticos y Tenientes parroquiales ejecutarán los acuerdos municipales de su localidad en todo lo que no se oponga a la Constitución y las leyes generales; y en caso de que sobre esta materia se suscitare alguna cuestión se decidirá por la Corte Suprema de Justicia.

Artículo 98. La provincia de Oriente será regida por leyes especiales, hasta que el aumento de su población y los progresos de su civilización le permitan gobernarse como las demás.

Título X. De la Fuerza Armada

Artículo 99. Para la defensa de la República y la conservación del orden interior habrá una fuerza militar permanente y guardias nacionales.

Artículo 100. La fuerza armada es esencialmente obediente, no deliberante.

Artículo 101. El mando y la jurisdicción militar solo se ejercen en las personas puramente militares y que se hallen en servicio activo.

Título XI. De las garantías

Artículo 102. Ninguno puede ser funcionario público sin ser ecuatoriano en ejercicio de los derechos de la ciudadanía.

Artículo 103. Nadie nace esclavo en la República, ni puede venir a ella en tal condición sin quedar libre.

Artículo 104. Todo ecuatoriano puede mudar de domicilio, permanecer o salir del territorio de la República, o volver a él, según le convenga; y disponer de sus bienes, salvo derecho de tercero, guardando las formalidades legales.

Artículo 105. Ningún ecuatoriano puede ser puesto fuera de la protección de las leyes, ni distraído de sus jueces naturales, ni juzgado por comisión especial, ni por ley que no sea anterior al delito, ni privado del derecho de defensa en cualquier estado de la causa.

Artículo 106. Nadie puede ser preso ni arrestado sino por autoridad competente; a menos que sea sorprendido cometiendo un delito, en cuyo caso cualquiera puede conducirle a la presencia del juez. Dentro de veinticuatro horas, a lo más, del arresto de alguna persona, el juez expedirá una orden firmada en que se expresen los motivos de la prisión y si debe o no estar incomunicado, de la cual se le dará copia. El juez que faltare a esta disposición y el alcaide que no la reclamare, serán castigados como reos de detención arbitraria.

Artículo 107. A excepción de los casos de prisión, por vía de apremio legal o de pena correccional, ninguno podrá ser preso, sino por delito que merezca pena corporal; y en cualquier estado de la causa en que resulte no debérsele imponer esta pena, se pondrá en libertad al preso, dando la seguridad bastante.

Artículo 108. A nadie se obligará a prestar testimonio en causa criminal contra su consorte, ascendientes, descendientes o parientes dentro del cuarto grado civil de consanguinidad y segundo de afinidad; ni será obligado con juramento u otro apremio a darlo contra sí mismo.

Artículo 109. Queda, abolida la confiscación de bienes, y ninguna pena afecta a otro que al culpable.

Artículo 110. Todo individuo se presume inocente y tiene derecho a conservar su buena reputación, mientras no se le declare delincuente conforme a las leyes.

Artículo 111. Se garantiza el crédito público.

Artículo 112. El autor e inventor tendrá la propiedad exclusiva de su descubrimiento o producción por el tiempo que le concediere la ley.

Artículo 113. Nadie podrá ser privado de su propiedad o del derecho que a ella tuviere, sino en virtud de sentencia judicial; salvo el caso en que la utilidad pública, calificada por una ley, exija su uso o enajenación; lo que se verificará dando previamente al dueño la indemnización que se ajustare con él o la suma en que aquélla se avaluase, a juicio de hombres buenos.

Artículo 114. El funcionario que, fuera de los casos permitidos por las leyes, atentare contra la propiedad particular, será responsable con su persona y bienes a la indemnización de los daños y perjuicios que él ocasionare.

Artículo 115. Es prohibida la fundación de mayorazgos y toda clase de vinculaciones, y que haya en el Ecuador bienes raíces, que no sean de libre enajenación.

Artículo 116. No puede exigirse ningún impuesto, derecho o contribución, sino por autoridad competente y en virtud de un decreto que conforme a la ley autorice aquella exacción. En todo impuesto se guardará la proporción posible con los haberes e industria de cada persona.

Artículo 117. Todo ecuatoriano puede expresar y publicar libremente sus pensamientos por medio de la prensa, respetando la religión, la decencia y la moral pública, y sujetándose a la responsabilidad que impongan las leyes.

Artículo 118. El derecho de petición será ejercido personalmente por uno o más individuos a su nombre, pero jamás en el del pueblo.

Artículo 119. Todo ecuatoriano puede reclamar ante el Congreso o el Poder Ejecutivo, contra las infracciones de la Constitución y las leyes, e introducir en la Cámara de Representantes una acusación contra cualquier alto funcionario.

Artículo 120. La morada de toda persona que habite en el territorio ecuatoriano es un asilo inviolable, y solo puede ser allanada por motivo especial que determine la ley y por orden de autoridad competente.

Artículo 121. Nadie puede ser obligado a dar alojamiento en su casa a ningún militar. Cuando se tomen edificios que no pertenezcan al Estado para alojar las tropas, se pagará el alquiler correspondiente. Solo en un caso extremo se podrán ocupar los colegios y las casas de educación.

Artículo 122. La correspondencia epistolar es inviolable, y no hará fe, en las causas sobre delitos políticos. No podrán abrirse, ni interceptarse, ni registrarse, los papeles o efectos de propiedad particular, sino en los casos señalados por la ley.

Artículo 123. Queda abolida la pena de muerte para los delitos puramente políticos; una ley especial determinará estos delitos.

Artículo 124. Todos los extranjeros serán admitidos en el Ecuador y gozarán de seguridad y libertad, siempre que respeten la Constitución y las leyes de la República.

Título XII. Disposiciones comunes

Artículo 125. No se hará del Tesoro Nacional gasto ninguno para el cual no haya aplicado el Congreso la cantidad correspondiente, ni en mayor suma que la señalada.

Artículo 126. No habrá en la República títulos, denominaciones, ni condecoraciones de nobleza, ni distinción alguna hereditaria.

Artículo 127. Todo funcionario al tomar posesión de su destino prometerá sostener y defender la Constitución y cumplir los deberes que le imponga su empleo. El que no hiciere libremente esta promesa, y sin modificaciones, no será reputado ciudadano.

Artículo 128. Los lugares que, por su aislamiento y distancia de las demás poblaciones, no puedan hacer parte de algún cantón o provincia, o que por su escaso vecindario no puedan erigirse en parroquia, cantón o provincia, serán regidos por disposiciones especiales.

Artículo 129. Ningún ecuatoriano podrá renunciar los derechos de ciudadano ni aceptar destino alguno de otra nación, cuando la República esté amenazada de una guerra exterior.

Artículo 130. Solo el Congreso podrá resolver o interpretar las dudas que ocurran en la inteligencia de alguno o algunos Artículos de esta Constitución; y lo que se resuelva constará dé una ley expresa.

Artículo 131. Si las secciones en que se dividió la antigua Colombia u otros Estados Sudamericanos manifestaren deseos de confederarse con el Ecuador, el Poder Ejecutivo podrá acordar las bases de la confederación y las someterá al Congreso para que con su conocimiento se resuelva lo conveniente.

Título XIII. De las reformas de la Constitución

Artículo 132. En cualquier tiempo que las dos terceras partes de cada una de las Cámaras juzguen conveniente la reforma de algunos Artículos de esta Constitución, podrá el Congreso proponerla para que de nuevo se tome en consideración, cuando se haya renovado por lo menos la mitad de los miembros de las Cámaras que propusieron la reforma; y si entonces fuere también ratificada por los dos tercios de cada una, procediéndose con las formalidades prescritas en la Sección VI del Título VI, será válida y hará parte de la Constitución; pero nunca podrán alterarse las bases contenidas en Artículos 12, 13 y 14.

Título XIV. Disposiciones transitorias

Artículo 133. La presente Convención Nacional, aún después promulgada esta Constitución, dará las leyes y decretos que considere más necesarios para establecerla y, para otros objetos importantes.

Artículo 134. Nombrará el Presidente y Vicepresidente de la República, los Ministros de la Corte Suprema, los de los Tribunales Superiores de Justicia, y los Consejeros de Gobierno; haciendo estas elecciones por escrutinio secreto y a la pluralidad absoluta de votos.

Artículo 135. El Presidente que fuere elegido en la actualidad concluirá sus funciones el día 30 de Agosto de 1865, el Vicepresidente el 30 de Agosto de 1863, y la reunión del primer Congreso Constitucional será el 10 de Agosto de 1863.

Artículo 136. Por la primera vez se hará la calificación definitivamente de las elecciones de los Senadores y Diputados por las Juntas de provincia.

Artículo 137. En este primer período constitucional, los Gobernadores de las provincias serán de libre nombramiento del Poder Ejecutivo.

Dada en la Sala de Sesiones de la Convención, en Quito, a 10 de Marzo de 1861.

El Presidente de la Convención, Diputado por Manabí, Juan José Flores. El Vicepresidente, Diputado por Cuenca,

Mariano Cueva. El Diputado por Imbabura, Miguel Egas. El Diputado por Imbabura, Luciano Solano de la Sala. El Diputado por Imbabura, Santiago Tobar. El Diputado por Imbabura, Rafael Pérez Pareja. El Diputado por Pichincha, Juan Aguirre Montúfar. El Diputado por Pichincha, Pedro José de Arteta. Diputado por Pichincha, Daniel Salvador. El Diputado por Pichincha, Camilo García. El Diputado por Pichincha, Antonio Muñoz. El Diputado por Pichincha, Vicente Sanz. El Diputado por Esmeraldas, Manuel Villavicencio. El Diputado por León, Juan Antonio Toledo. El Diputado por León, Manuel Páez. El Diputado por León, Felipe Sarrade. El Diputado por Ambato, J. León Mera. El Diputado por Ambato, Miguel F. Albornoz. El Diputado por Ambato, Luis Rafael Albornoz. El Diputado por Chimborazo, Bernardo Dávalos. El Diputado por Chimborazo, Juan Antonio Hidalgo. El Diputado por Chimborazo, Leopoldo Freire. El Diputado por Chimborazo, Miguel Nájera. El Diputado por Los Ríos, Vicente Espinoza. El Diputado por Los Ríos, Avelino Ribadeneira. El Diputado por Los Ríos, Tomás H. Noboa. El Diputado por Guayaquil, Napoleón Aguirre. El Diputado por Guayaquil, Luciano Moral. El Diputado por Guayaquil, Secundino Darquea. El Diputado por Guayaquil, Bartolomé Huerta. El Diputado por Cuenca, Francisco Eugenio Tamariz. El Diputado por Cuenca, Vicente Cuesta. El Diputado por Cuenca, Francisco Moscoso. El Diputado por Cuenca, Ramón Borrero. El Diputado por Cuenca, Vicente Salazar. El Diputado por Loja, Toribio B. Mora. El Diputado por Loja, Francisco Arias. El Diputado por Manabí, José Moreira. El Secretario, Pablo Herrera. El Secretario, Julio Castro.

Palacio de Gobierno, en Quito, a 10 de Abril de 1861. Promúlguese y circúlese. Dado y firmado de mi mano, sellado con el gran sello de la República y refrendado por el Ministro de Estado en el Despacho del Interior.

Gabriel García Moreno.

El Ministro del Interior, Rafael Carvajal.

Libros a la carta

A la carta es un servicio especializado para
empresas,
librerías,
bibliotecas,
editoriales
y centros de enseñanza;
y permite confeccionar libros que, por su formato y concepción, sirven a los propósitos más específicos de estas instituciones.

Las empresas nos encargan ediciones personalizadas para marketing editorial o para regalos institucionales. Y los interesados solicitan, a título personal, ediciones antiguas, o no disponibles en el mercado; y las acompañan con notas y comentarios críticos.

Las ediciones tienen como apoyo un libro de estilo con todo tipo de referencias sobre los criterios de tratamiento tipográfico aplicados a nuestros libros que puede ser consultado en Linkgua-ediciones.com.

Linkgua edita por encargo diferentes versiones de una misma obra con distintos tratamientos ortotipográficos (actualizaciones de carácter divulgativo de un clásico, o versiones estrictamente fieles a la edición original de referencia).

Este servicio de ediciones a la carta le permitirá, si usted se dedica a la enseñanza, tener una forma de hacer pública su interpretación de un texto y, sobre una versión digitalizada «base», usted podrá introducir interpretaciones del texto fuente. Es un tópico que los profesores denuncien en clase los desmanes de una edición, o vayan comentando errores de interpretación de un texto y esta es una solución útil a esa necesidad del mundo académico.

Asimismo publicamos de manera sistemática, en un mismo catálogo, tesis doctorales y actas de congresos académicos, que son distribuidas a través de nuestra Web.

El servicio de «libros a la carta» funciona de dos formas.

1. Tenemos un fondo de libros digitalizados que usted puede personalizar en tiradas de al menos cinco ejemplares. Estas personalizaciones pueden ser de todo tipo: añadir notas de clase para uso de un grupo de estudiantes, introducir logos corporativos para uso con fines de marketing empresarial, etc. etc.

2. Buscamos libros descatalogados de otras editoriales y los reeditamos en tiradas cortas a petición de un cliente.